**NATIONAL
GEOGRAPHIC**

Pasándola bien
en el espacio

EDICIÓN PATHFINDER

Por Nancy Finton

CONTENIDO

ESPAC

POR NANCY FINTON

¿Qué se siente al vivir a 220 millas de altura de la superficie de la Tierra, volando más rápido que una bala a través del espacio oscuro y sin aire? ¡Le hicimos esta pregunta a un comandante de la estación espacial!

Mientras lees estas palabras, hay quienes pasan zumbando alrededor de la Tierra a 17.000 millas por hora. Viajan en un laboratorio gigante que **orbita** la Tierra. Se llama Estación Espacial Internacional, o EEI.

La EEI representa un gran esfuerzo de equipo. Los Estados Unidos, Rusia, Japón, Canadá, Brasil y 11 países europeos que integran la Agencia Espacial Europea están construyendo la estación. Cuando esté terminada, será más grande que un campo de fútbol y tendrá un peso de hasta un millón de libras. Nada de semejante tamaño y peso podría ser disparado hacia el espacio.

Es por eso es que los científicos no pueden armar la EEI en la Tierra. En su lugar, lanzaron al espacio piezas de la estación, una o dos piezas a la vez. Las piezas viajaron al espacio en transbordadores y cohetes. Las primeras piezas fueron enviadas en 1998. Cuando llegaron allí, los astronautas de la estación comenzaron a ensamblarlas. ¡Trabajaban a 220 millas de altura de la superficie de la Tierra! Los primeros astronautas que vivieron a bordo de la estación llegaron en el año 2000.

astronautas están protegidos de las características mortales del espacio, tales como la falta de aire y las temperaturas que oscilan entre menos 250°F y 250°F. Sin embargo, la vida en la estación espacial se puede poner un poco extraña. Imagina vivir sin la **gravedad** que te mantiene sentado en la silla y sostiene tu lápiz sobre el escritorio. Las personas que están en las naves que orbitan en el espacio flotan en la **microgravedad**. Este es un estado en el que los efectos de la gravedad se reducen considerablemente. A veces se describe como "ingravidez".

Viajando de un lugar a otro

Vivir en una microgravedad es divertido, dice Bill Shepherd, comandante de la primera tripulación de la EEI. "Es como moverse en una piscina, pero te sientes aún más liviano. Puedes empujarte con la punta del dedo y moverte a través de todo el **módulo** espacial", explica. "Puedes ir a cualquier punto que esté en la pared o en el techo".

Shepherd pasó meses en la EEI durante su primera misión. "Después de volver a la Tierra", dice, "me tomó una semana acostumbrarme

Vestidos para el éxito. Bill Shepherd no necesitaba un traje espacial en el interior de la EEI. Pero ningún astronauta puede trabajar fuera de la estación sin uno.

EN EL

IO

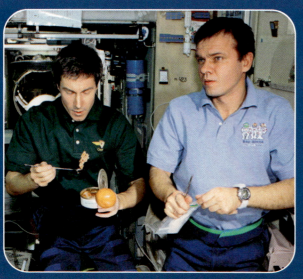

Refrigerio ligero.
El atún puede comportarse de manera sospechosa en la microgravedad. ¡El atún del astronauta sale flotando de la lata!

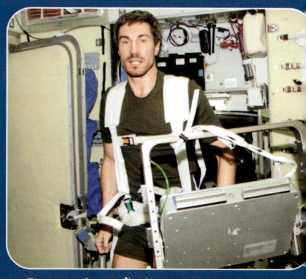

Entrenamiento diario.
Para correr sobre la cinta en el espacio se necesita un arnés. De lo contrario, el astronauta correría en el aire.

Durmiendo sobre las paredes

En la microgravedad no hay necesidad de una cama. Los astronautas pueden dormitar mientras flotan cabeza abajo en el centro de una habitación. Pero está la posibilidad de que queden "a la deriva" y choquen contra los controles de las computadoras. Así que, por la noche, se atan en bolsas de dormir que cuelgan de las paredes.

"Dormir en el espacio es muy relajante", dice Shepherd. "No sientes el efecto de la gravedad, por lo que no sientes nada presionándote la piel".

Actividades en el baño

En la microgravedad, el agua de la ducha vuela en todas direcciones. Las gotas flotantes de agua podrían dañar los equipos de la EEI. Así que, en lugar de tomar una ducha, los residentes de la estación espacial frotan agua y jabón sobre el cuerpo, y luego se limpian con una esponja.

Cuando se está en órbita, no se puede depender de la gravedad para eliminar aguas de desperdicio por tuberías o el inodoro. El modelo espacial funciona como una aspiradora, que utiliza una corriente de aire para chupar los residuos y colocarlos en contenedores sellados. Los contenedores se envían en naves espaciales que aterrizan en la Tierra o en pequeñas naves diseñadas para quemarse y consumirse en la **atmósfera** de la Tierra.

No más papilla de pollo

Las naves de suministro traen alimentos a la estación solo de tanto en tanto. Eso significa que la comida de los astronautas necesita mantenerse fresca por mucho tiempo.

Los alimentos como el pollo y los guisantes solían mantenerse frescos convirtiéndolos en papilla y sellándolos en tubos. A la hora de comer, los astronautas extraían la comida como si fuera pasta de dientes.

Afortunadamente, los científicos encontraron nuevas formas de matar los **microbios** causantes de la putrefacción de los alimentos. Algunos alimentos espaciales, como los huevos revueltos y el ponche de frutas, se deshidratan. Los astronautas solo tienen que añadir agua. ¡Presto! La comida está lista para comer.

Otros alimentos, como los perros calientes y el guiso de carne, se sellan en bolsas de plástico que bloquean el paso de los microbios. Los astronautas calientan las bolsas antes de la comida. Las golosinas como los caramelos o la goma de mascar pueden permanecer frescas por un mes sin necesidad de refrigeración.

"Yo pensaba que la comida rusa sabía un poco mejor que la estadounidense", dice Shepherd. "Tienen buenas sopas: la de pollo y la de arroz son mis favoritas. Pero nadie es muy quisquilloso tampoco".

Para evitar que las comidas floten por la habitación, los astronautas suelen colocar los paquetes de comida en bandejas especiales; luego amarran las bandejas a sus piernas.

Trabajo y juego

Los astronautas de la EEI se mantienen ocupados. Lo más probable es que los encuentres realizando experimentos de ciencia, caminando en el espacio para conectar algún nuevo módulo o ejercitando en equipos especiales de gimnasio. (Los astronautas deben ejercitar mucho. Los músculos se debilitan con facilidad cuando no tienen la fuerte resistencia de la gravedad).

Por ser la primera tripulación, el equipo de Shepherd tuvo una tarea especial: probar y reparar todo el equipo de la estación. "Trabajábamos desde las 6:30 de la mañana hasta las 9:30 de la noche", comenta.

Cuando tenía tiempo libre, a Shepherd le gustaba escribir mensajes de correo electrónico a sus familiares y amigos, tomar fotos de la Tierra, leer libros y mirar películas. "Una vez tuvimos una semana de *Arma mortal*. ¡Miramos las cuatro películas!", nos cuenta Shepherd.

¿Cuál es el propósito?

A los Estados Unidos le costará miles de millones de dólares construir su parte de la EEI. Otros países también están gastando miles de millones de dólares. ¿Por qué las personas están dispuestas a pagar tanto por una estación en el espacio? Sin la atmósfera de la Tierra de por medio, los astronautas de la EEI pueden tomar fotos nítidas del espacio exterior. Y pueden tomar fotos de la

Tierra a gran distancia, que les servirán a los científicos para hacer un seguimiento de los cambios producidos por la contaminación, la destrucción de los bosques tropicales y el clima.

Los astronautas también llevarán a cabo experimentos para aprender cómo los materiales y los seres vivos reaccionan ante largos períodos en la microgravedad. Esto les podría servir a los científicos para crear drogas que salven vidas y construir materiales más fuertes para usar en la Tierra.

"Esto podría ser el comienzo de una era donde las personas no vivan más únicamente en la Tierra", dice Shepherd. "Creo que podríamos organizar una misión que se viera bastante parecida a la que tuvimos, que llevaría a los humanos a Marte. Me interesaría mucho formar parte de esa misión".

VOCABULARIO

atmósfera: gases que cubren la Tierra

gravedad: fuerza que hace que dos objetos se atraigan, tal como la Tierra te atrae a ti

microbio: una de las muchas pequeñas criaturas que viven dentro, sobre y alrededor de nosotros

microgravedad: situación en la que los efectos de la gravedad se reducen considerablemente

módulo: sección de una nave espacial que contiene a las personas

orbitar: moverse en círculos

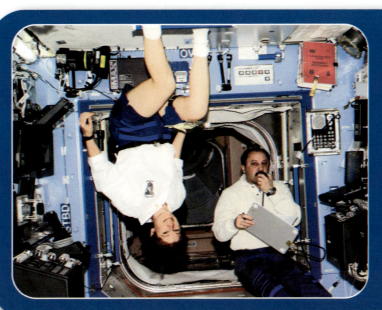

Subidas y bajadas.
Dos exmiembros de la tripulación posan dentro del módulo laboratorio estadounidense Destiny. Los laboratorios de la EEI les permitirán a los científicos llevar a cabo experimentos que son demasiado delicados para realizarse en la gravedad de la Tierra.

ESTACIÓN ESPACIAL INTERNACIONAL

Una vez concluida, la Estación Espacial Internacional (EEI) será el mayor objeto construido por el hombre en el espacio. Así es cómo se verá.

Vehículo para el regreso de la tripulación (no se muestra)

Viga

Módulo de investigación de la Agencia Espacial Europea.

Módulo de investigación japonés Kibo (Esperanza)

Sistema de paneles solares

Construyendo la estación, pieza por pieza

Construir la EEI requerirá más de 40 viajes al espacio y 1500 horas de caminatas espaciales.

Vehículo para el regreso de la tripulación Los astronautas necesitan una manera rápida para regresar a la Tierra... por las dudas. La NASA está diseñando un vehículo para siete personas. La nave rusa menor Soyuz es utilizada por la tripulación actual.

Vigas
Estas son vigas que soportan las piezas de la EEI.

Módulos de investigación
Aquí los científicos verán cómo los químicos, las plantas y los animales se comportan durante largos períodos de microgravedad.

Sistema de paneles solares
La EEI necesita mucha energía eléctrica. Los rayos del Sol son muy fuertes en el espacio. Los paneles solares gigantes capturan estos fuertes rayos y convierten su energía en electricidad.

Módulo de servicio ruso (Zvezda)
Esta sección contiene todas las computadoras que controlan la estación espacial. También proporciona espacio para vivir para tres astronautas.

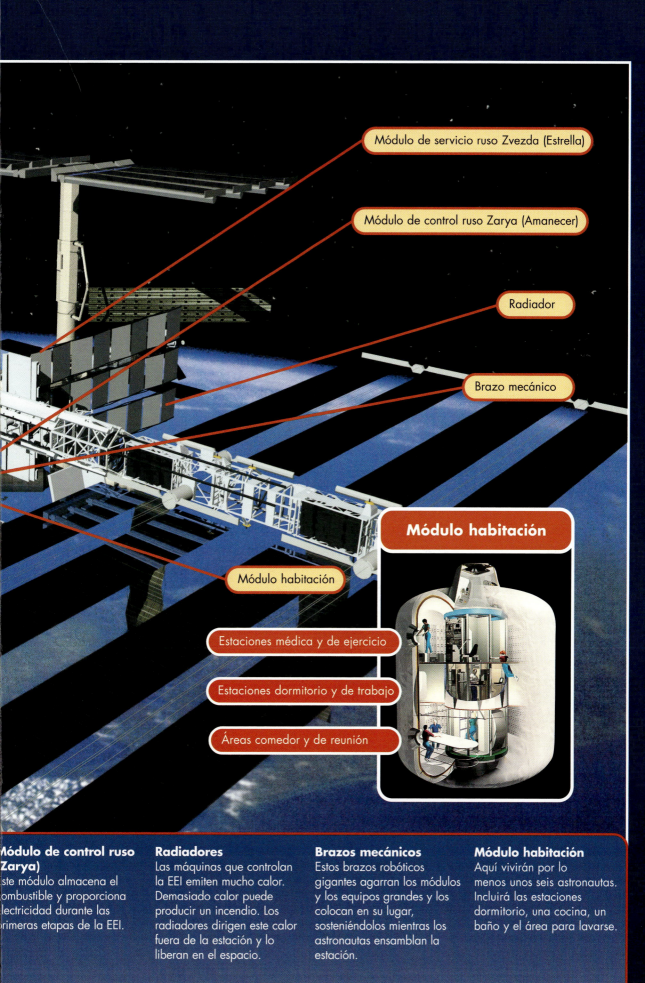

Módulo de servicio ruso Zvezda (Estrella)

Módulo de control ruso Zarya (Amanecer)

Radiador

Brazo mecánico

Módulo habitación

Módulo habitación

Estaciones médica y de ejercicio

Estaciones dormitorio y de trabajo

Áreas comedor y de reunión

Módulo de control ruso Zarya)

ste módulo almacena el ombustible y proporciona lectricidad durante las rimeras etapas de la EEI.

Radiadores

Las máquinas que controlan la EEI emiten mucho calor. Demasiado calor puede producir un incendio. Los radiadores dirigen este calor fuera de la estación y lo liberan en el espacio.

Brazos mecánicos

Estos brazos robóticos gigantes agarran los módulos y los equipos grandes y los colocan en su lugar, sosteniéndolos mientras los astronautas ensamblan la estación.

Módulo habitación

Aquí vivirán por lo menos unos seis astronautas. Incluirá las estaciones dormitorio, una cocina, un baño y el área para lavarse.

Listos para la caminata espacial

El espacio definitivamente no es un lugar amistoso. Los astronautas morirían en cuestión de minutos si salieran de la Estación Espacial Internacional sin sus trajes espaciales. Con sus trajes de alta tecnología, los astronautas caminan en el espacio por horas para trabajar en la estación.

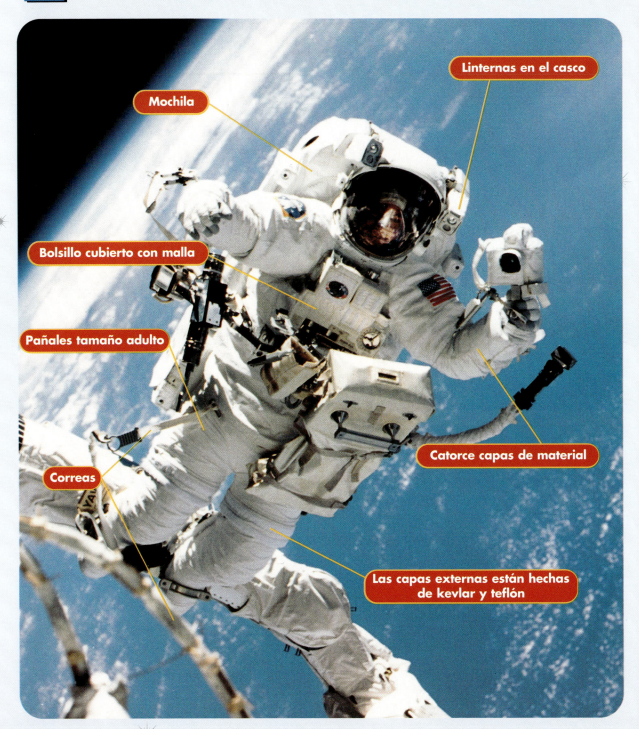

Linternas en el casco

Mochila

Bolsillo cubierto con malla

Pañales tamaño adulto

Correas

Catorce capas de material

Las capas externas están hechas de kevlar y teflón

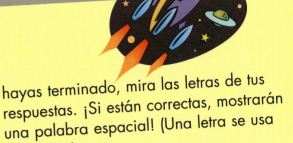

Tu misión

Lee la lista de circunstancias "poco amistosas" que los astronautas encuentran en el espacio. Empareja cada una con una "solución del traje espacial". Cuando hayas terminado, mira las letras de tus respuestas. ¡Si están correctas, mostrarán una palabra espacial! (Una letra se usa dos veces).

Circunstancias poco amistosas

1. No hay aire en el espacio para que los astronautas respiren.

2. Hay rocas pequeñas que viajan por el espacio a miles de millas por hora. A esa velocidad, hasta una partícula de polvo podría herir al caminante espacial.

3. Las temperaturas en el espacio suben a 250°F al sol y caen a 250°F a la sombra.

4. No hay inodoros de alta tecnología disponibles durante las largas caminatas espaciales.

5. Durante la mitad de todas las caminatas espaciales, los astronautas trabajan en la oscuridad.

6. En órbita, arrojar basura puede ser mortal. La basura viajaría lo suficientemente rápido como para causar daño a la nave espacial.

7. En el espacio, la gravedad no sostiene las cosas en su lugar. Si un astronauta se alejara flotando, podría viajar en esa dirección para siempre.

Soluciones del traje
espacial

E Los caminantes espaciales se amarran a la nave espacial con por lo menos dos líneas de seguridad.

H Las capas exteriores del traje espacial están hechas de materiales súper fuertes, como el kevlar y el teflón.

L El traje espacial tiene un bolsillo con cerdas de alambre que evita que los objetos se caigan en el espacio.

T Los caminantes espaciales usan pañales tamaño adulto debajo de sus trajes.

U Catorce capas de material mantienen el calor dentro o fuera del traje.

S Una mochila con un tanque inyecta aire dentro del traje espacial.

T Los trajes espaciales tienen linternas para que los astronautas puedan ver en la oscuridad sin necesidad de usar las manos para sostenerlas.

¡Fuera

Los astronautas se enfrentan a muchos desafíos, de lo más ordinario a lo más extraordinario. Aquí hay algunas preguntas y respuestas sobre cómo es la vida en el espacio.

e este mundo!

¿Cómo se seleccionan los astronautas?

Cada dos años, la NASA selecciona nuevos astronautas. Se postulan miles de personas. Solo unas 100 son seleccionadas.

Muchos decidieron desde jóvenes que querían ser astronautas. Trabajaron arduamente en la escuela. Obtuvieron buenas calificaciones en matemática y ciencias.

Los astronautas también necesitan funcionar bien como parte de un equipo. Durante su tiempo en el espacio, los astronautas comparten todo. Viven en cuarteles estrechos junto con muchas otras personas. ¡No hay lugar para discusiones en una nave espacial!

Así que la respuesta es: Cualquiera puede ser astronauta. Pero necesitas el entrenamiento, las habilidades y la personalidad correctos.

¿Qué pasa si un astronauta no se siente bien?

Muchos astronautas se enferman durante los primeros días en el espacio. Esto se debe a que sus cuerpos no están acostumbrados a vivir en la microgravedad.

Imagínate no saber qué dirección es arriba. Comienzas a sentirte confundido y con malestar. Esta sensación se llama "malestar del espacio".

El malestar del espacio ocurre cuando no estás acostumbrado a la forma en que tu cuerpo se está moviendo. Por ejemplo, un astronauta podría sentirse con malestar al flotar dentro de la nave espacial. Esto se debe a que está acostumbrada a que la gravedad atraiga sus pies hacia la tierra. Así que la sensación de moverse a la deriva en el espacio le produce malestar.

Los astronautas rápidamente se reponen del malestar del espacio. Después de unos tres días, el malestar desaparece. El cuerpo de los astronautas se acostumbra a la sensación de vivir en el espacio.

¿Cómo obtienen agua los astronautas?

Piensa en toda el agua que las personas usan en un día. La necesitamos para cocinar, limpiar, lavar los platos, ducharnos, tirar de la cadena y lavarnos los dientes. ¡Eso es mucha agua!

Al igual que el aire, el agua es esencial para la vida. En el espacio, también es difícil de obtener. En realidad, el agua debe ser llevada desde la Tierra. Así que los astronautas no pueden darse el lujo de desperdiciar ni una sola gota. Una vez que se usa el agua en la EEI, es recolectada nuevamente. Se la limpia, purifica y vuelve a usar.

En realidad, los astronautas reciclan casi toda el agua que usan. Usan el agua proveniente de los lavabos y otros sistemas de la nave. ¡Hasta recolectan el sudor de dentro del traje espacial!

¿Qué pasa si ocurre un incendio?

Los incendios son, quizá, la mayor preocupación de los astronautas. Si tu casa se incendia, sales de ella tan rápidamente como puedes. En el espacio, sin embargo, no puedes escapar. ¡No tienes adónde ir!

Los incendios también arden de manera un poco distinta en el espacio. En la Tierra, las llamas van hacia arriba. El asunto es diferente dentro de una nave espacial.

Esto se debe al hecho de que el aire es dirigido hacia el interior de la nave a través de rejillas en las paredes y el techo. En vez de quemarse hacia arriba, las llamas se dirigen hacia las rejillas. Eso significa que el fuego puede viajar en varias direcciones a la vez.

Así que las naves espaciales están hechas de materiales que no se queman con facilidad. También cuentan con muchas herramientas para extinguir incendios. Y, por supuesto, la nave espacial tiene sistemas de advertencia para avisarles a los astronautas si ha comenzado un incendio.

La vida en el espacio

Es hora de ponerse el traje y descubrir lo que aprendiste sobre la vida en el espacio.

1 ¿En qué sentido es la Estación Espacial un esfuerzo de equipo?

2 ¿Qué es la microgravedad? ¿Cómo afecta a los astronautas?

3 ¿Qué diferencias hay entre dormir en el espacio y dormir en la Tierra?

4 ¿Qué entrenamiento y habilidades tienen los astronautas?

5 ¿Por qué es peligrosa la vida en el espacio?